Gartenlandschaften

Gartenlandschaften

Aquarelle von Daniel Kirchhofer
Haiku von Michael Groißmeier

EULEN VERLAG

Den Aufgang hinauf –
die Hortensien, wachsen sie
schon hinter mir zu?

Im Topf die Blumen –
mit einer Handvoll Erde
nehmen sie vorlieb.

In das Gartengrün
einzutreten verlockt mich
der lichte Eingang.

Das Tor zum Garten –
ist's auch verschlossen, strömt doch
Blumenduft heraus.

Im wilden Garten –
atmen im Einklang mit dem
Atem der Pflanzen.

Die stille Stunde –
Zwiesprache halten mit den
Blumen auf dem Tisch.

Vor dem Tulpenbeet –
Kelch an Kelch, gefüllt mit Tau –
für welche Gäste?

Die Stufen empor
zur Villa wandelt der Duft
der Gartenblumen.

Sonniger Garten –
nur im Licht kann gedeihen,
was Frucht tragen soll.

Blumen vor dem Haus –
einen Augenblick verharrt
bei ihnen der Gast.

Um uns zu verstehn,
bedarf es zwischen Blumen
und mir keines Worts.

Die Gartenmauer –
den Lärm draußen hält sie ab,
doch nicht den Nachtfrost.

Die Blumen beidseits
des Aufgangs – nie werden sie
ineinander blühn.

Die Gartenecke –
zuhören, wie das Laub spricht,
wie es spricht zu dir.

Hortensienhecken –
zu der Stimme dahinter
erfind ich den Mund.

Den Weg im Garten –
auch als Blinder fänd ich ihn
beim Duft der Malven.

Die Gartentreppe –
Von Stufe zu Stufe ein
andrer Blumenduft.

Der Duft der Blumen
hinter der Gartenmauer –
er gehört auch mir.

Der Feldblumenstrauß –
die Gartenblumen werden
vor Neid verwelken.

Herbstlicher Eingang –
als ich eintrat in das Haus
nahm ich ein Blatt mit.

In meiner Malerei will ich nichts von Affektion, will nicht auftrumpfen, alles soll redlich und wahr sein. Ich will nicht erschrekken. Wenn Kunst erschrecken kann, erfüllt sie bestimmt auch einen Zweck. Aber Erschrecken hervorzurufen ist leichter als Harmonie zu schaffen.

Ich möchte den Betrachter an meinen Bildern teilhaben lassen können, ohne daß ihm dabei alles wie ein unergründlicher Fremdkörper erscheint. Natürlich ist es nicht das Ziel, ihm mein Erlebtes so „vorzusetzen“, daß er selber nichts mehr dazu tun müßte. Aber er soll sich dabei erholen können wie in einem stillen Garten.

Ein Aquarell muß frisch und klar sein – wie ein Bergbach – sonst ist es für mich kein Aquarell mehr. Graue Trübheit und Farben schwerer Schmerzen liegen mir nicht. Gerade das Sonnige kommt in der Reinheit, der Helligkeit und Wärme des Aquarells vor allem zum Ausdruck. Nicht zuletzt deshalb fasziniert mich diese Technik. Sie ist sehr vielseitig und gewisse Zufälle spielen hier auch eine Rolle, wenn man sie auszunützen versteht. Die Rezepte zum Aquarellieren sind so zahlreich wie die Schwierigkeiten.

Nebst äußerster Disziplin versuche ich vermehrt auf meine poetischen Intuitionen zu hören, um meinem Seelenspiegel durch das Aquarell näher zu kommen.

Für mich ist aber das Wichtigste, was einmal der berühmte Maler Hundertwasser erwähnte: „Anzustreben ist Romantik, Naivität, Schönheit, Wärme, alles was aus dem Herzen kommt. Kunst hat den Menschen ein Wohlgefallen zu bereiten.“ – Ich kann ihm nur beipflichten.

Daniel Kirchhofer, 1953 in Bern geboren, machte nach einer Banklehre eine Ausbildung als Goldschmied und Designer und besuchte die Kunstgewerbeschule Bern. Seit 1979 ist er freischaffend als Schmuckzeichner und Maler tätig. Ausstellungen seit 1978 in verschiedenen Galerien in der Schweiz.

Das Haiku, im 14. Jahrhundert in Japan unter dem Einfluß des Zen-Buddhismus entstanden, ist die kleinste Gedichtform der Welt; das Drei-Zeilen-Gedicht besteht aus 17 Silben in der Anordnung 5 – 7 – 5. Das Haiku gewährt Einblick in die Wunder der Natur und hält die Seele im Einklang mit der Schöpfung.

Sage ich Haiku,
meine ich Stille;
meine ich Windstille, Sprechstille;
meine ich die Lautlosigkeit hitzeflirrender Sommernachmittage, schneedurchrieselter Winterabende;
meine ich das Schweigen einer Krypta, eines Kreuzgangs, eines Atriums;
meine ich Stille, wie sie in Höhlen herrscht und unter dem Eis eines zugefrorenen Sees;
meine ich Stille, damit hörbar werde, was in mir ist,
das Pochen des Herzens, das Pulsen des Bluts, das Knistern der Gedanken;
meine ich Stille, damit hörbar werde die Gottheit – im Surren eines Insektenflügels, im Säuseln des Laubs, im Rinnen des Wassers;
meine ich Stille, damit hörbar werde die Zeit, die mir bemessene Zeit – im Rieseln des Sandes, im Rieseln der Sterne durch die Sanduhr Himmel;
meine ich die Stille in der Luftblase unter dem Eis des Himmels, das niemals schmilzt, Stille, in der sich atmen läßt, leben, wenigstens für eine Weile.

Michael Groißmeier, 1935 in München geboren, lebt als Schriftsteller in Dachau. Lyrik, Haiku-Dichtung, autobiographischer Roman, Erzählungen der Erinnerung.

In der gleichen Reihe sind bereits erschienen:

Hedwig Danner/
Ingeborg K. Hoflehner
Abendlandschaften

Gerda Nording-Schröter/
Grete Wassertheurer
Baumlandschaften

Martha Hofmann
Besinnungslandschaften

Johannes Vollrath/
Ingrid Gnettner
Blütenlandschaften

Heide Ehninger/
Gertrud Seidel
Eislandschaften

Sylvia Schaible/
Karin Gutmann-Heinrich
Elementarlandschaften

Marga Barkouras-Schröder
Empfindungslandschaften

Evelyn Eichinger/Helga Zankl
Erlebnislandschaften

Inka Gisela Kellermann/
Dieter Kellermann
Farblandschaften

Margot Keinke/
Elisabet Plünnecke
Flußlandschaften

Jozsef Rákosi/
Thea v. Trainer-Graumann
Frühlingslandschaften

Ute Patel-Missfeldt/
Bodo Isajiw
Herbstlandschaften

Erika Grabe/Hansine Dresp
Küstenlandschaften

Barbara Seeberger/
Chitra Heinrich
Lichtlandschaften

Gerda Nording-Schröter/
Grete Wassertheurer
Märchenlandschaften

Irmgard Kohl/Ilse Klein
Moorlandschaften

Johannes Vollrath/
Ingrid Gnettner
Naturlandschaften

Elsbeth Kienzlen/Jörg Zink
Nebellandschaften

Johannes Vollrath/
Ingrid Gnettner
Phantasielandschaften

Friedhard Meyer/
W. v. Schalscha-Ehrenfeld
Schöpfungslandschaften

Vimal Tarla/
Michael Groißmeier
Seelenlandschaften

Doris Stockmar/
Rosemarie Becker
Sommerlandschaften

Ottone C. Cretschmer/
Bernd Schmidt-Zelger
Stimmungslandschaften

Sibille Ritter/
Heinz G. Meister
Traumlandschaften

Gerald Kriedner/
Arnulf Kriedner
Uferlandschaften

Wolfgang Heuwinkel/
Gabriele Markus
Urlandschaften

Karin von Schwerin/
Rosemarie Becker
Waldlandschaften

Heinz Ludorf/Mona
Wasserlandschaften

Doris Stockmar/
Rosemarie Becker
Wiesenlandschaften

Daniel Kirchhofer/
Rainer Firmbach
Winterlandschaften

Dieter Röttger/Günter Radtke
Wolkenlandschaften

Christiane Grimm/
Wolfgang Engel
Wunschlandschaften

Robert Eikam/
Hans Dieter Schmidt
Zauberlandschaften

ISBN 3-89102-322-7